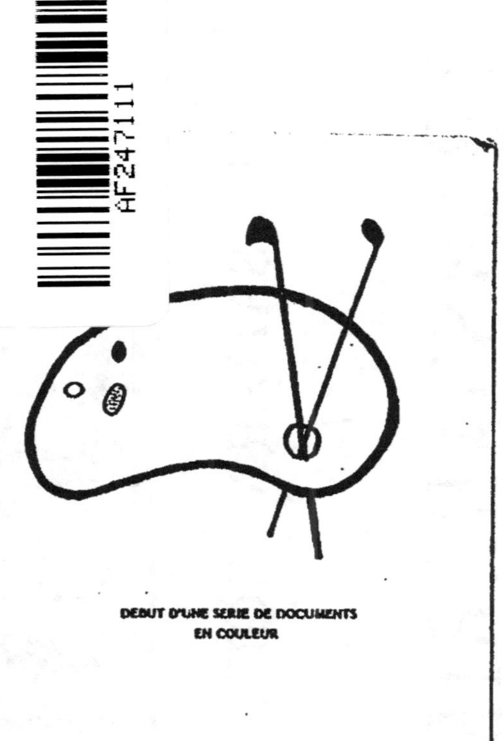

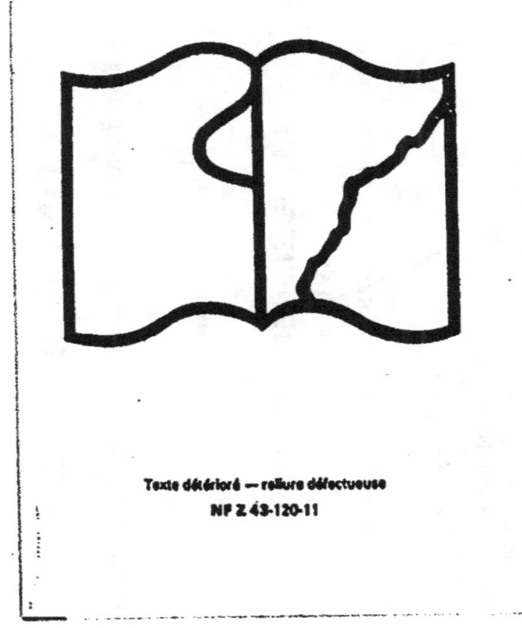

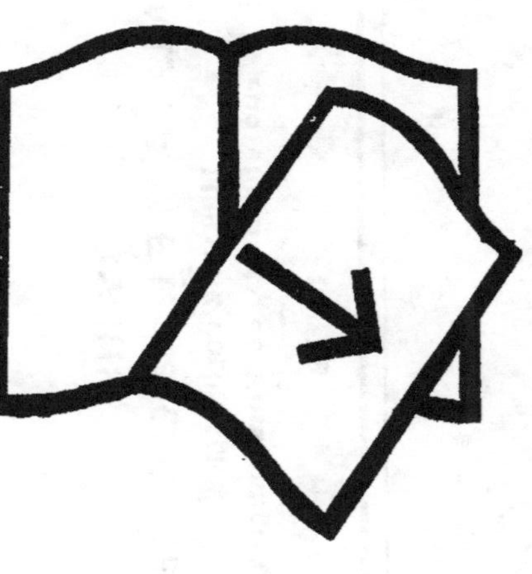

VALABLE POUR TOUT OU PARTIE DU
DOCUMENT REPRODUIT

LE SAHARA-NIGER

ou

TRANSSAHARIEN

CONFÉRENCE

Faite à Paris devant le Comité de l'Afrique du Nord

PAR

M. BÉDIER, G.-D.

AVOCAT,

MEMBRE DE PLUSIEURS SOCIÉTÉS SAVANTES

> Pour faire ou achever le Transsaharien, naguère encore réputé impossible, la France n'a plus aujourd'hui qu'à vouloir réaliser une économie tous les ans.
>
> C'est une révélation... *Nunc docti discant*

Prix : 50 centimes

PARIS

CHALLAMEL & Cⁱᵉ, ÉDITEURS

LIBRAIRIE COLONIALE

5, rue Jacob et rue Furstenberg, 2

1888

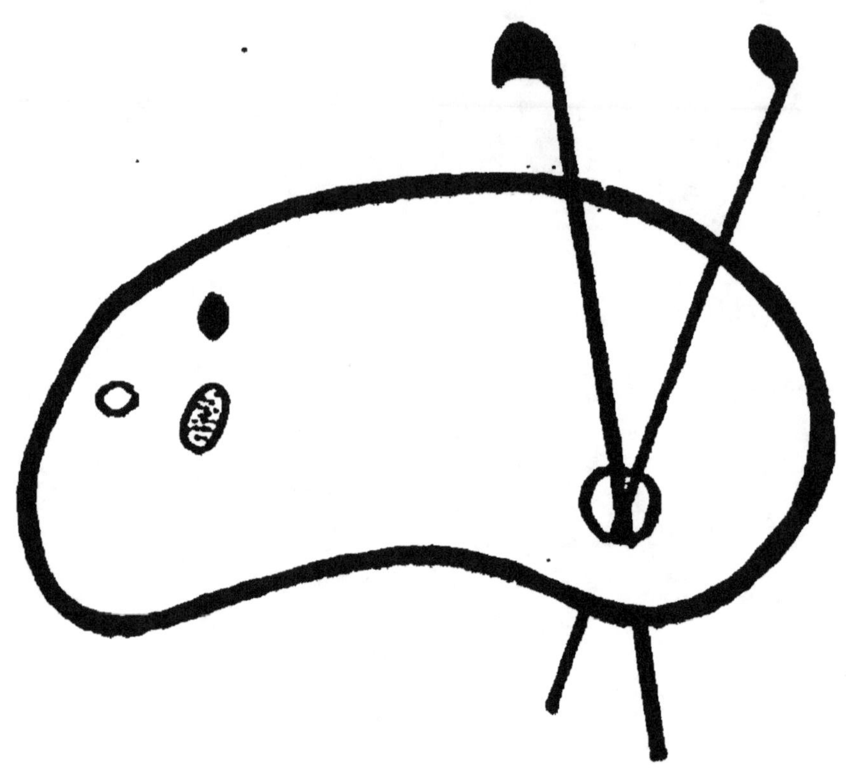

FIN D'UNE SERIE DE DOCUMENTS
EN COULEUR

LE SAHARA-NIGER

OU

TRANSSAHARIEN

CONFÉRENCE

Faite à Paris devant le Comité de l'Afrique du Nord

PAR

M. BÉDIER, G.-D.

AVOCAT,

MEMBRE DE PLUSIEURS SOCIÉTÉS SAVANTES

> Pour faire ou achever le Transsaharien,
> naguère encore réputé impossible, la France
> n'a plus aujourd'hui qu'à vouloir réaliser
> une économie tous les ans.
>
> *C'est une révélation .. Nunc docti discunt*

PARIS

CHALLAMEL & Cⁱᵉ, ÉDITEURS

LIBRAIRIE COLONIALE

5, rue Jacob et rue Furstenberg, 2

—

1888

À notre très éloquent et excellent ami,

Monsieur Génin,

Substitut de Monsieur le Procureur
de la République de Sidi-Bel-Abbès
heureux en pensée de revoir,

Oran, 15.. 3 Juillet

NOTE PRÉALABLE

Faite devant un grand nombre de savants et d'hommes compétents, cette conférence excita parmi eux un profond et sympathique intérêt. L'orateur . . . .
Le Président prit ensuite la parole et, au nom de l'auditoire, après avoir. . . . . , ajouta : « *C'est pour nous* « *une révélation. . . . La province d'Oran, par son* « *ardeur patriotique à connaitre le désert, et par les* « *résultats obtenus, excite vraiment l'admiration et a bien* « *mérité de la patrie.* »

Cette conférence n'a pas duré moins de trois heures. L'auteur n'en donne ici qu'un résumé succinct, mais où toutes les parties essentielles ont été rapportées.

. . . .

Tout en paraissant en avoir trois, ce discours n'a au fond qu'un seul et unique objet. Les deux premiers (Touaregs et Sahara), ne sont là que pour aider à comprendre et fortifier ce qui est démontré dans le troisième (Transsaharien).

. . . .

L'auteur a pour but de montrer qu'en prolongeant jusqu'au milieu du Sahara le chemin de fer de la Franco-Algérienne, ce qui ne lui coûtera pas un sou, au contraire, ce qui lui rapportera, la France en retirera les avantages les plus considérables. Il en résultera en effet pour elle la construction même du Transsaharien, la suprématie de tout le grand désert, la francisation de l'Algérie et de la Tunisie, l'annexion complète du Soudan, des richesses inouïes, et l'extension et l'unification de son territoire sur une étendue telle qu'il en deviendra inexpugnable à cause de ses proportions mêmes.

. . . .

Au reste, il ne faut pas confondre ce prolongement transméditerranéen et africain de la France avec l'expansion coloniale, cette politique coloniale qui trouve un certain nombre de détracteurs si acharnés parmi les Français. Non, non : il ne s'agit pas ici de colonies, mais de l'agrandissement du territoire même de la France, qui, au lieu d'avoir cinq cent mille kilomètres carrés, en aura dix ou douze millions ; qui, au lieu de compter quarante millions d'habitants qui ne peuvent guère augmenter, en comptera cent millions qui pourront tripler et quintupler même un jour.

La France n'est pas appelée ici à fournir de l'argent et des hommes ; au contraire, elle est appelée à en recevoir.

C'est donc l'œuvre la plus féconde qu'elle aura jamais accomplie pour son avenir, sa grandeur, sa richesse et sa puissance.

Paris, 7 février 1888.

N. R.

SOMMAIRE

Les Touaregs et le secret de leur force. — Le Sahara. — Le Transsaharien.

Tracé de l'oued Guir et avantages du Transsaharien. — Le général Faidherbe et M. de Lesseps.

APPENDICE

Fruits et légumes des tropiques. — Richesse du Soudan et caractère de ses habitants; — son climat; — préjugés des Européens sur les pays chauds. — Réponse à diverses questions; — objection politique et ridicule contre le tracé de l'oued Guir et fantastique projet Duponchel; — le lac Tchad et M. de Brazza; — prophétie concernant la domination française en Afrique; — Napoléon Ier et Alexandre Ier de Russie. — Marchandises devant composer de suite le trafic du Transsaharien. — Le mot de la fin.

LES TOUAREGS

ET LE SECRET DE LEUR FORCE

Des communications *libres* avaient toujours existé par le Sahara
entre les deux parties de l'Afrique qui se trouvent au nord et au
sud de ce désert. Des inscriptions trouvées çà et là dans le Sahara
même indiquent encore clairement les routes que suivaient les
Romains dans ces voyages où ils se servaient de chariots attelés
de buffles. Les Romains firent ainsi ce qu'avaient fait leurs
prédécesseurs et ce qu'on a peut-être fait longtemps après eux-
mêmes.

Ces communications *libres* cessèrent à une époque qu'il serait
difficile de bien préciser, mais cessèrent sans doute par degrés,
par le fait des Touaregs, qui avaient compris, qu'en les suppri-
mant, ils monopoliseraient à leur profit exclusif la traversée du
Sahara. Cette conception devait avoir pour eux les conséquences
les plus fécondes. L'application de cette grande idée eut, en effet,
pour résultat de leur donner peu à peu l'entière suprématie politique et militaire, commerciale et économique de cette vaste
contrée.

Dès lors, de par cette détermination secrète des Touaregs, à
laquelle personne n'a jamais pensé, et qu'ils dissimulèrent toujours
avec une constance admirable, les gens de la Berbérie eurent bien
encore la faculté de s'avancer à quelques centaines de kilomètres
dans le désert, mais il leur fut interdit sous peine de mort d'aller
plus loin et de vouloir franchir de certaines limites.

La même mesure fut appliquée de l'autre côté du Sahara,
c'est-à-dire du côté du Soudan, pour tous ceux qui n'étaient pas
Touaregs.

Seules les caravanes de Touaregs purent continuer à faire communiquer le Soudan avec les États barbaresques, et encore en se soumettant à de certains règlements. La nation se divisa, en effet, en trois castes : les nobles ou nomades, les marchands ou caravaneurs, et les esclaves. Ces derniers, espèce de colons partiaires, furent attachés à la glèbe dans les endroits susceptibles de culture. Les seconds firent le commerce et conduisirent les caravanes du Soudan dans la Berbérie *et vice versâ*. Quant aux nobles, après avoir, pour rendre leur garde plus facile, réduit, par l'aveuglement de la plupart des sources et des puits, tous les passages du grand désert en un petit nombre seulement, très difficiles à connaître et à suivre, ils parcoururent le Sahara sur de rapides dromadaires, appelés méharis et faisant jusqu'à cent vingt kilomètres par jour, et veillèrent avec une vigilance extrême à ce qu'aucune autre caravane que celles de leurs marchands ne pût le franchir. Ces marchands eux-mêmes ne pouvaient composer leurs caravanes qu'avec un certain nombre des leurs, qui devaient toujours revenir avec elles sous la sanction d'une responsabilité collective pour tous ceux de chaque caravane, car il leur fut défendu sous peine de mort de vouloir changer de patrie. Enfin, à part les esclaves noirs, qu'ils pouvaient mener du Soudan en Berbérie, mais qu'ils n'avaient pas le droit de ramener, tout étranger était absolument et devait être absolument exclu de ces caravanes.

Les quelques individus qui réussirent, quelques rares fois, à s'y glisser sans être Touaregs, n'ont pu le faire qu'en se cachant tout le temps ou en remplaçant les membres morts de quelqu'une d'elles. C'est à prix d'or, de caresses et de flatteries qu'ils obtinrent cette faveur, qui exposait leurs complices aux plus terribles châtiments de la part de tous les Touaregs, mais surtout des nobles ou nomades. — Aussi, dans la crainte d'être pris, les caravaneurs exécutent-ils le plus souvent eux-mêmes les malheureux qui se compromettent dans leurs rangs. —

Personne des Touaregs d'ailleurs n'a jamais révélé à âme qui vive ce secret qui a fait et conservé leur puissance. Tous sont également intéressés à ne pas le dévoiler. Il est même devenu un dogme sacré et inviolable pour ces fanatiques qui finissent toujours par attacher le caractère religieux à tout ce qui est de quelque importance dans leur conduite.

Cependant, pour arriver à leur fin, les Touaregs ne reculèrent devant rien : attaques à main armée, ruse, perfidie, poison, trahison, tout, tant ils attachèrent et attachent d'importance à cette condition suprême de leur domination dans le Sahara. C'est pour ce motif et par ces moyens qu'ils firent périr la malheureuse caravane du colonel Flatters de glorieuse mémoire. Dans une première expédition le colonel ne devait pas franchir de certaines limites, on le laissa passer; dans une seconde, il devait traverser le désert, il fut perdu. C'est pour le même motif que plusieurs explorateurs français très célèbres, Soleillet, Duveyrier, Say et autres, ont pu pénétrer jusqu'au milieu du Sahara, mais n'ont pas pu aller au delà. Ces maîtres du désert, qui, au dire de bien des voyageurs, sont des modèles de loyauté en toute autre circonstance, se croient tout permis quand il s'agit de défendre ce secret de leur État, de leur force, c'est-à-dire la traversée du Sahara par quiconque n'est pas Touareg. Que de caravanes ne détruisirent-ils pas, et par tous les moyens, avant que les diverses nations du Soudan et de la Berbérie eussent enfin renoncé définitivement à tenter encore ce grand voyage ?

Sur leurs conseils sans doute les Maures ou Berbères, qui occupent l'occident du Sahara sur l'Atlantique, ont usé de la même défiance et de la même proscription contre tous les étrangers.

C'est de cette impossibilité flagrante pour tout Barbaresque et tout étranger de pouvoir franchir le Sahara, que sont nées ces incroyables imaginations qui représentent ce désert comme un vaste océan de sables mouvants, entièrement privé d'eau, et où une mort infaillible attend toujours le voyageur, soit par l'enfouissement sous les sables qui se déchaînent à chaque instant en effroyables tempêtes qui les déplacent par montagnes entières comme les nuages dans le ciel, soit par une soif inévitable qu'il est impossible de satisfaire.

Il faut croire que les Touaregs, qui sont de très grands politiques, n'ont pas peu contribué eux-mêmes à l'invention et à la propagation de ces fables. Et comme toute caravane de Barbaresques, qui s'enfonçait dans le désert pour le *traverser*, ne revenait jamais, et pour cause, ces histoires s'accréditèrent facilement.

—Au reste, les Touaregs (1) n'égorgent jamais ceux qui viennent du nord qu'après leur avoir laissé franchir près de la moitié du désert, afin que le mystère le plus absolu puisse recouvrir leur mort et leur disparition. Ils tuent ainsi tous ceux qui font partie de ces caravanes, se gardant bien de les faire esclaves de peur sans doute de quelque révélation ultérieure possible, et ensuite ils répandent adroitement que tous ces voyageurs ont péri par la soif ou recouverts par les sables mouvants. —

Après chaque exécution ils ne manquèrent jamais de semer habilement les mêmes bruits. Car comme ils ne sont pas bien forts, leur nombre étant très limité, c'est à la ruse seule et à ce secret inviolable qu'ils durent d'acquérir et de conserver leur suprématie.

Certes ils ont réussi, et même sans doute au delà de leur attente, car voilà bien des siècles qu'ils dominent dans ce désert; cela fait le plus grand honneur à leur sagesse, à leur gravité et à leur esprit politique : mais il est incroyable que le reste des hommes n'ait pas compris, que puisque les caravanes de Touaregs pouvaient traverser le Sahara, c'est qu'il n'était absolument pas comme ceux-ci le dépeignaient. Il est vrai que c'étaient ces caravanes elles-mêmes qui répandaient toutes ces faussetés.

---

(1) D'autant plus qu'ils habitent surtout la seconde moitié du Sahara et la lisière du Soudan.

LE SAHARA

Le Sahara n'est donc pas ce que pensent encore la plupart des hommes, c'est-à-dire une mer, un océan de sables, où il n'y a d'eau nulle part, dont les dunes se soulevant plus terribles que les flots dans la tempête engloutissent tous ceux qui osent se hasarder à travers leurs mouvants dédales. Non, non : sa constitution physique est, au contraire, la même que celle de tout le reste de notre globe, avec cette différence toutefois que la siccité de l'atmosphère et l'aridité du sol empêchent la vue de l'eau et toute végétation arborescente ailleurs que dans les oasis qui tachètent son immense surface(1). Mais sous la terre l'eau s'y retrouve comme dans toute autre partie de notre monde, et peut-être même avec une plus grande abondance.

Il existe bien un sable particulier dans le Sahara; mais il n'occupe qu'un dixième à peine de sa surface, et, au lieu d'être mouvant, est au contraire profondément immobile : ou du moins si par hasard quelques rares portions de ce sable viennent à bouger, elles décrivent toujours le même cercle, sans aucun danger pour le voyageur, et d'après des règles invariables. Ses dunes sont même le plus souvent recouvertes d'une végétation herbacée, et recèlent quelquefois une eau limpide excellente.

Le Sahara contient aussi des montagnes, des collines, des fleuves et des rivières. Mais le lit de ceux-ci est ordinairement à sec quant à la surface. Aucun d'eux ne traverse entièrement le Sahara, excepté l'oued Guir, qui part du sud de la province d'Oran et se rend pour ainsi dire en droite ligne jusqu'au coude du Niger vers Tombouctou(2), après avoir longé, au milieu de son

---

(1) Dans un méchant langage, mais expressif, on peut dire que le Sahara est « tout nu. »

(2) Confirmé par le voyage du docteur Lentz et d'Ali-ben-Hamed (neveu de notre illustre vaincu l'émir Abd-el-Kader).

cours, le flanc ouest et abrupte de la chaîne des Hoggars, qui ouvre sur lui deux immenses vallées (1) qui sont les meilleurs chemins de pénétration de ces montagnes. C'est à cause de cette traversée rectiligne de l'oued Guir et de l'eau qu'il offre partout sous le sable de son lit, que M. Onésime Reclus, dans une lettre qu'il m'a fait l'honneur de m'écrire, l'appelle avec beaucoup de raison « *le grand chemin du désert.* » Cependant cette haute chaîne des Hoggars, qui est la principale du Sahara, et qui, s'élevant subitement à l'est du méridien d'Oran, court au-dessous de nos trois autres provinces et de la Tripolitaine, voit tout le bassin de son versant nord se diriger avec l'Igharghar vers les chotts du Constantinois et de la Tunisie méridionale, tandis que tout le bassin de son versant sud se dirige avec l'oued Tafassasset, *Astapus* des anciens, vers le Soudan ; et à l'ouest de ce même méridien d'Oran, l'oued Drâa, après avoir coulé du nord au sud comme bien d'autres, tourne brusquement à l'ouest pour prendre le chemin de l'Atlantique au sud de l'empire du Maroc, et au nord d'une longue traînée de dunes et du Juft ou Djouf et du Tanez-Rouft, concavité, ventre du Sahara et la partie la plus aride et la plus désertique de cette immensité (2). Ce sont les quatre oueds principaux de ce vaste désert.

Une de ses grandes particularités est aussi qu'il y fait extrêmement chaud pendant le jour et très froid pendant la nuit. Chose curieuse, et qui renverse toutes nos idées, on y souffre beaucoup plus du froid que du chaud. Tout cela tient à sa nudité et au rayonnement qui s'y fait avec une intensité excessive. De là aussi ces rosées abondantes qui le caractérisent. Enfin son climat est un des plus sains que l'on connaisse.

Quant au fameux vent du désert, appelé, suivant les lieux, *siroco*, *simoun* ou *kamsin*, il est fort désagréable, dessèche rapidement les outres, soulève beaucoup de poussière qui obstrue l'atmosphère, force même les gens quelquefois à se coucher par terre, mais n'a aucun effet dangereux.

----

(1) Ce sont les oueds Akharaba et Teghazert.

(2) Ainsi, par l'oued Guir, qui suit le méridien d'Oran, le bassin du Niger arrive jusqu'aux hauts plateaux algériens, qu'il draine sur une vaste étendue. Aussi, c'est le seul passage saharien, par lequel, grâce à l'abondance des eaux, une nombreuse colonne puisse passer, pour aller de Berbérie en Soudan. C'est par ce lit de l'Oued Guir qu'a passé, à la fin du seizième siècle, cette armée marocaine qui a conquis le Shonray et s'est fixée sur les rives du Niger.

Si donc une barre quelconque existe dans le Sahara, capable d'empêcher les communications entre l'Afrique nord et l'Afrique centrale, ce n'est pas un obstacle matériel, une barre de sables comme on l'avait cru jusqu'ici ; mais une barre vivante, une barre d'hommes, celle que les Touaregs ont élevée pour fonder et maintenir leur puissance.

LE TRANSSAHARIEN

Pour faire ou achever le Transsaharien, naguère encore réputé impossible, la France n'a plus aujourd'hui qu'à vouloir réaliser une économie tous les ans.

Un chemin de fer à voie étroite, non subventionné par l'État, existait déjà, avant l'insurrection du Sud-Oranais, d'Arzew sur le littoral à Saïda et à Modzbah sur les hauts plateaux. Il a été depuis prolongé successivement, et avec la garantie de l'État, jusqu'au Kreider, Méchéria et Aïn-Sefra. On peut même aujourd'hui le considérer comme fait jusqu'à El-Outed ou Figuig qui se trouvent à peu près sur le même parallèle et à soixante kilomètres l'un de l'autre. Seulement, tandis que le premier nous appartient, le second jouit encore de son indépendance. Ce chemin de fer connu sous le nom de la Franco-Algérienne n'a pas moins de 454 kilomètres, et si l'on compte son parcours jusqu'à El Outed (ou Figuig), il en a 524, c'est-à-dire, qu'après avoir franchi le versant méridional de l'Atlas, il a déjà pénétré dans le grand Sahara lui-même à plusieurs dizaines de kilomètres. Aussi l'on peut dire que de même qu'Abd-El-Kader, en violant le traité de la Tafna, a forcé la France à conquérir l'Algérie, ainsi Bou-Amama, en faisant l'insurrection du Sud-Oranais, a forcé la France à construire le Transsaharien. En effet, le tracé en prolongement de 806 autres kilomètres de ce chemin de fer a déjà été fait depuis près d'un an, sur la demande même du gouvernement, par le savant ingénieur des mines de l'Algérie, M. Pouyanne. Ce tracé va ainsi jusqu'au fond du Touat, à Taourirt, au pied sud-ouest de la chaîne des Hoggars. De là à Arouane, Tombouctou et le Niger, il ne reste plus que huit à neuf cents kilomètres à peine.

Ce travail de M. Pouyanne témoigne d'une telle science des lieux et des choses du pays tout entier qu'il est difficile d'admettre qu'un homme livré à ses seules forces eût pu l'acquérir. Elle est l'œuvre de toute la province d'Oran, où la plupart des habitants européens, si l'on peut ainsi parler, ont été des géographes voués à l'étude du désert, et où un grand nombre d'Arabes eux-mêmes, surtout ceux qui caravanent par milliers avec le Gourara et le Touat, ainsi que les émissaires glissés dans leurs rangs, ont fourni les plus précieux renseignements et rapporté les documents les plus certains. Joignez-y la savante société de géographie d'Oran, qui a été fondée dans le but même de faire aboutir la construction du Transsaharien et qui compte tant d'hommes remarquables et dévoués parmi ses membres ; joignez-y encore les horizons nouveaux qu'avaient ouverts la guerre du Sud-Oranais elle-même, et vous aurez le secret de cette connaissance exacte qu'on possède aujourd'hui de cette vaste contrée (1).

M. Pouyanne (2), qui avait reçu mission officielle d'étudier la question, a donc travaillé avec un zèle et un dévoûment au-dessus de tout éloge, et a bien mérité de la patrie ; mais il a surtout condensé dans ses connaissances propres la science de tout le monde. De là cette précision qu'on rencontre dans tout ce travail vraiment considérable de M. Pouyanne (3).

Il s'est surtout attaché à la topographie des lieux et à leurs ressources en eau, ainsi qu'au nombre des habitants, à leurs divisions par villages et à leur richesse en forêts de palmiers et en troupeaux.

---

(1) Lorsque j'exposai devant le comité de l'Afrique du nord avec quelle passion patriotique toute la province d'Oran s'était livrée à la solution des problèmes qui touchaient à la géographie du désert, *et les résultats obtenus*, j'excitai l'admiration de tous les auditeurs pour notre si active et si laborieuse province, malheureusement encore trop méconnue dans la mère patrie.

(2) Un de ses plus vaillants collaborateurs a été M. Camille Sabatier, le député d'Oran.

(3) *Documents relatifs à la mission dirigée au sud de l'Algérie, par M. Pouyanne, ingénieur en chef des mines de l'Algérie : ouvrage publié par M. le Ministre des Travaux publics.*
Lors de la mission Flatters, le gouvernement avait également doté la province d'Alger d'une mission, mais il avait oublié la province d'Oran. Devant cette suprême injustice, la Société de Géographie d'Oran souscrivit 40,000 francs pour faire faire des études à ses frais. Pris sans doute de remords, le gouvernement nous donna alors la mission Pouyanne, composée de trois membres seulement. E.-t-il besoin de dire que c'est la seule, qui, malgré le petit nombre de ses membres, mais grâce à la configuration des lieux et à ce labeur admirable qui dure depuis plus de huit ans, ait réussi, et au delà de toute attente ?

D'El Outed (ou de Figuig), à Taourirt le pays est absolument plat et le sol excellent pour la pose des rails. L'eau ne manque nulle part. Donc aucun obstacle matériel et aucuns travaux d'art ne sont à craindre. Sur ce parcours de 806 kilomètres on rencontre pour le moins neuf cent mille habitants, divisés entre six ou sept cents villages, et possédant assez de millions de dattiers pour récolter près de sept millions d'hectolitres de dattes par an. Ce sont des populations sédentaires, très pacifiques, et qui seraient fort aises qu'une voie ferrée leur permit de recevoir à bon compte les céréales, beurres et autres articles de notre commerce en échange de leurs propres produits qui se composent principalement de dattes, de bêtes et de peaux. Malgré leur fanatisme, elles ne seraient pas fâchées même que notre présence leur donnât une protection efficace contre les nomades. Disons aussi que de Taourirt à Arouane, Tombouctou et le Niger, tout, la configuration générale de la contrée, la direction des oueds, ce qu'on a pu apprendre des voyageurs et des gens de l'endroit, indique que le pays est aussi plat que du même point à El Outed (ou Figuig) (1).

Après avoir fourni ainsi tous les documents les plus minutieux et les plus religieusement étudiés, M. Pouyanne arrive, avec une certitude qu'est forcé de partager quiconque parcourt son savant travail, aux quatre conclusions qui suivent : 1°, le chemin de fer peut être prolongé on ne peut plus facilement d'El Outed (ou de Figuig), à Taourirt sur un parcours de 806 kilomètres ; 2°, cela peut être fait en très peu de temps; 3°, toutes les dépenses, y compris les constructions militaires destinées à la protection de la voie, ne s'élèveront pas, en calculant très largement, à plus de 80 millions 600 mille francs (2); et 4°, la ligne sera assurée de suite d'un trafic d'au moins deux cent mille tonnes.

---

(1) Confirmé par le voyage du docteur Lentz et d'Ali-ben-Hamed (neveu d'Abd-el-Kader).

(2) M. Bails, ingénieur des mines de la province d'Oran, mathématicien hors ligne, un des hommes qui ont le plus intelligemment et le plus activement collaboré au tracé et à l'œuvre de M. Pouyanne, m'a fait remarquer, que l'évaluation de ce dernier s'appliquait à un chemin de fer à voie large, tandis que la Franco-Algérienne était au contraire à voie étroite, et que, par conséquent, on pouvait diminuer cette estimation d'un bon tiers, si ce n'est des deux cinquièmes. M. Foussel, l'éminent directeur de la Franco-Algérienne, qui connait la chose par expérience, pour avoir fait lui-même les 102 kilomètres de Méchéria a Ain-Sefra, m'a confirmé de tout point le dire de M. Bails :

$$80{,}600{,}000 \text{ fr.} - 1/3 = 53{,}733{,}333 \text{ fr. } 333 \text{ m.}$$
$$80{,}600{,}000 \text{ fr.} - 2/5 = 48{,}360{,}000 \text{ fr. } 00$$

Ce tonnage, joint à ce qu'elle a déjà, lui permettra donc de faire amplement tous ses frais sur ses treize cent trente kilomètres. L'État n'aura plus à payer annuellement la garantie de Modzbah à Aïn-Sefra. Car ce chemin de fer aura alors tout le commerce qui lui échappe encore.

M. Pouyanne connaît si bien les lieux dont il parle, qu'il a pu faire le tracé du prolongement de la ligne sur ces 806 kilomètres, en indiquant les villages où elle passera, les sources ou les puits où elle s'approvisionnera, la distance existante entre chaque station et la suivante, les pentes infinitésimales et les diverses compositions géologiques du sol parcouru, l'importance et le nombre des habitants de chaque village, le nombre de leurs palmiers, le mouvement commercial, celui des caravanes. Aussi tous les hommes compétents (1) ont-ils déclaré, que lorsqu'on voudra mettre ce projet de chemin de fer à exécution, on n'aura presque rien à changer à ce tracé de M. Pouyanne.

Ainsi, on l'a bien entendu, en prolongeant jusqu'à Taourirt, au fond du Touat et au milieu du Sahara, le chemin de fer de la Franco-Algérienne, la France, au lieu de dépenser quelque chose, doit, au contraire, réaliser une économie tous les ans.

La garantie de deux millions cinq cent mille francs qu'elle aura à voter pour ce prolongement sera donc purement fictive. Cela établi, ce serait faire tort à nos représentants que de supposer un seul instant qu'ils hésiteront à les voter.

Considérons maintenant les autres conséquences qui découleront naturellement de ce prolongement.

1o Au point de vue politique et militaire

Le chemin de fer dans ces pays porte la sécurité avec lui-même. C'est pour empêcher à jamais toute insurrection dans le Sud-Oranais que la Franco-Algérienne a été prolongée jusqu'à El Outed (ou Figuig). Les Russes, par le même moyen, ont

----

(1) Entre autres, M. Bouty, le savant secrétaire de la Société de géographie d'Oran, M. le commandant Demaëght, aussi versé dans la connaissance du désert que savant archéologue, M. A. Gobert, un des hommes les plus remarquables et les plus instruits de la province, M. le commandant Krammer, un des premiers si ce n'est le premier promoteur du tracé de l'oued Guir, M. Elisée Reclus, l'honneur de la géographie, etc., etc.

obtenu les mêmes résultats dans l'Asie centrale. Ce fait n'a plus besoin d'être démontré : quand nous avons nos communications assurées sur nos derrières, toutes ces populations, nomades ou sédentaires, sont à notre merci, nous n'avons plus rien à craindre d'elles, et elles se gardent bien de manquer en quoi que ce soit à tous les sentiments de la plus grande déférence et de la soumission. Mais le chemin de fer prolongé jusqu'à Taourirt, c'est l'insurrection rendue impossible non seulement dans le Sud-Oranais, mais encore dans le Sud de nos trois autres provinces; c'est la paix, la conquête même de l'Algérie et de la Tunisie à jamais ratifiée.

La zone de protection de ces chemins de fer s'étend d'ailleurs, surtout en temps de paix, à quelques centaines de kilomètres d'eux-mêmes et de leur point terminus. Ce sera donc la majeure partie de tout le grand désert placée sans effort et naturellement sous notre protectorat.

Par cela même que ce chemin de fer passera au pied de la chaîne des Hoggars, devant les deux grandes vallées qui donnent immédiatement accès sur ses points les plus élevés et qui dominent tout le reste de ses massifs et de ses arcanes, cette grande forteresse du désert tombera aussitôt en notre pouvoir. Nous en tiendrons la clef ; nous n'aurons plus qu'à nous laisser aller pour ainsi dire sur les pentes est, nord et sud de la chaîne pour la dominer toute entière et sans la moindre difficulté, surtout étant donnés nos postes avancés des provinces d'Alger, de Constantine et de Tunis. C'est là un point stratégique admirable, et peut-être un riche pays houiller, pétrolifère et de colonisation que cette chaîne des Hoggars. C'est une proie que la France ne doit pas laisser échapper.

Les Touaregs pris en flanc, dépistés dans leur repaire (les Hoggars), n'ayant plus ni *secret* ni prestige, seront obligés de se soumettre ou de se retirer. La seule venue du chemin de fer décidera de leur sort.

2° Au point de vue commercial et économique

Nous l'avons déjà vu, tout le commerce du désert tombera entre nos mains. Nous y trouverons peut-être aussi des richesses minérales considérables (1). Ce commerce se décuplera en quelques années : « c'est la loi économique qui a régi jusqu'ici les mouvements commerciaux partout où un railway de quelque importance a été établi. »

La civilisation, qui vivifie tout, donnera à tout une vie nouvelle dans le Sahara. Le débouché commercial, ouvert par le chemin de fer, favorisera cet essor. De nouvelles eaux seront mises à jour ; de nouvelles oasis se formeront ; les cultures s'étendront : le grand désert se peuplera et se boisera autant qu'il peut l'être. Cette transformation pourra même modifier sensiblement son économie générale au point de vue climatérique. Ce qui sera on ne peut plus favorable aux régions qui l'avoisinent, mais surtout à la Berbérie, et en Berbérie aux Hauts Plateaux algériens.

3º Au point de vue du Transsaharien

Tous les êtres agissent au delà d'eux-mêmes. Par le regard, le geste, la parole ou le commandement l'homme n'agit-il pas constamment au delà de lui-même ! Seulement cette action s'étend plus ou moins loin, dans un espace proportionnel, qu'on peut appeler le cercle ou le champ d'action ou d'influence de chaque être. Le soleil, qui rayonne à trente-huit millions de lieues de notre globe, l'échauffe pourtant et l'éclaire de ses rayons bienfaisants. Ainsi des points terminus que nous occupons à la lisière du Sahara notre influence se projette à quelques centaines de kilomètres plus loin. C'est pour cela que nos marchands du Sud-Oranais peuvent sans crainte aller caravaner tous les ans jusqu'au Gourara et au Touat. C'est le champ d'action qui résulte fatalement de notre présence même dans le Sud, et que les besoins du commerce, si nécessaire aux hommes, contribuent encore à étendre. Si donc nous sommes à Taourirt, ce champ d'action de notre influence qui part aujourd'hui d'El Ouled, d'Aïn-Sefra, d'El Abiod, de Tiout, partira de Taourirt même ; et

---

(1) Le Sahara, entre Algérie et Soudan, d'après certains géologues, doit être un immense récipient de pétrole.

Le pétrole est appelé à succéder a la houille et à précéder l'électricité. Il sera avant longtemps le plus puissant agent de l'industrie humaine. D'après les mêmes géologues, les Hoggars sont carbonifères.

nos Arabes, nos marchands pourront, comme maintenant, aller à quatre, cinq, six, sept et huit cents kilomètres plus loin. C'est dire tout de suite qu'ils pourront aller régulièrement à Arouane, Tombouctou et le Niger. Mais comme nous sommes déjà au Niger, et que nous occuperons bientôt (la chose est certaine) Tombouctou et Arouane, voyez donc ce qui arrivera. Un autre champ d'action de notre influence se projettera du Niger, de Tombouctou et d'Arouane vers Taourirt. Ces deux champs d'action seront même d'autant plus puissants et étendus qu'ils seront opposés l'un à l'autre, que leurs points de départ seront face à face, qu'on pourra pour ainsi dire se regarder des deux côtés, et qu'en partant de l'un d'eux on saura où aller. N'est-ce pas démontrer par *a* plus *b* que, lorsque la France sera à Taourirt, elle aura rétabli définitivement le grand fait géographique détruit par les Touaregs, c'est-à-dire les communications par le Sahara entre l'Afrique du Nord et le Soudan ? Non seulement les Arabes, les musulmans, mais encore les Européens eux-mêmes pourront alors circuler librement entre le Touat et le Niger. Des caravanes régulières, faisant courrier, s'empresseront de s'établir entre ces deux points pour transporter les voyageurs et les marchandises (1). Tout cela se fera d'autant plus facilement que notre seule arrivée à Taourirt aura détruit *la barre légendaire,* et enlevé aux Touaregs tout prestige et toute puissance.

Le Transsaharien sera donc fait, car aussitôt la Franco-Algérienne elle-même, ou à son défaut dix autres compagnies s'empresseront de demander à l'Etat de vouloir bien leur permettre de continuer la ligne jusqu'au Niger sans la moindre subvention ni garantie.

N'avais-je pas raison de dire que pour faire ou achever le Transsaharien, naguère encore réputé impossible, la France n'a plus aujourd'hui qu'à vouloir réaliser une économie tout les ans ?

------

(1) Cet appoint de marchandises favorisera encore et aussitôt la ligne du Touat.

TRACÉ DE L'OUED GUIR ET AVANTAGES DU TRANSSAHARIEN

Le général *FAIDHERBE* et *M. de LESSEPS*

Pour compléter cette étude, je crois devoir toucher encore à deux points très importants. Je dirai d'abord pourquoi le tracé que je viens d'indiquer doit être rigoureusement préféré à tous ceux qui pourraient partir de nos trois autres provinces et même du Maroc ou de la Tripolitaine ; je dirai ensuite les principaux avantages que la France et l'Algérie, et même l'Europe, retireront du Transsaharien.

On sait déjà que le prolongement de la Franco-Algérienne rapportera à l'État, au lieu de lui coûter, et que le reste du pays, de Taourirt au Niger, est aussi déjà connu. Il serait difficile de tenir le même langage, s'il s'agissait de passer ailleurs.

En dehors même de ces avantages et du fait accompli d'une ligne de 1330 kilomètres, dont 806 déjà tracés et 524 déjà faits, le tracé de la province d'Oran, *qui est celui même de l'Oued Guir*, doit encore être préféré à tous les autres pour plusieurs raisons capitales, mais surtout, parce qu'il est le seul qui puisse réaliser ce but principal même qu'il faut se proposer en établissant un Transsaharien, qui est de faire un chemin de fer pouvant porter au meilleur marché possible. Sans cela, la distance à parcourir est si considérable, qu'il ne faudrait peut être pas y songer. Or des Hauts Plateaux algériens au Niger, par l'Oued Guir, le sol est absolument plat: le chemin de fer n'a et n'aura aucune pente. Des Hauts Plateaux à la mer il peut être ramené, au moyen de quelques rectifications, à une rampe maximum de trois ou de quatre millimètres: en tous cas, la distance est relativement insignifiante. Toutes ces rampes étant d'ailleurs inclinées vers la mer, les convois venant du Soudan n'auront même pas à en souffrir. Ce tracé réalise donc cette condition sans laquelle le

Transsaharien, au moins pour les marchandises, n'aurait aucune raison d'être. La traction sera nulle, et le fret coûtera aussi peu que par la voie d'eau.

Tous les tracés qu'on peut faire dans l'Est, iront, au contraire, se buter contre la ligne des aregs(1) et des Hoggars ou de ses contreforts. Ils coûteront donc fort cher, mettront longtemps à être faits, et auront de telles rampes qu'il sera impossible de les utiliser jamais pour le transport des marchandises du Soudan à la Méditerranée. Détail excessivement grave, leur parcours, quelquefois, sera même des plus pauvres en eau. Ils seront, en outre, plus longs: alors que celui d'Oran n'a que 2100 à 2200 kilomètres, ils auront pour le moins 2400 à 2500 kilomètres.

Celui qui partirait du Maroc, vaudrait encore moins. Ayant à franchir un Atlas beaucoup plus élevé, mais surtout les aregs et les dépressions centrales (le *Djouf*) du Sahara occidental, il serait semé de difficultés et de pentes. Il n'y faut pas songer

Le tracé de la province d'Oran offre encore le grand avantage de conduire au cœur des Hoggars tout en les contournant, d'être pourvu d'eau partout, de passer à travers une série de lieux habités « se continuant en rue ininterrompue d'oasis et de palmiers, » et d'aboutir à l'un des plus beaux ports(2) de la Méditerranée, Mers-el-Kébir — Oran, *portus divini* des Romains, la ville la plus commerçante de toute l'Algérie, et qui, par sa croissance extraordinaire, rappelle le plus celles des États-Unis(3).

Ce tracé a encore seul l'avantage sans égal, une fois le désert franchi et à son arrivée même au Soudan, de toucher au Niger, la plus grande artère d'un des plus beaux réseaux de voies fluviales qui soit au monde et capable de drainer de suite toute les marchandises d'une immense contrée.

Enfin, par ce tracé, nous arrivons directement s ... un grand fleuve où flotte le pavillon français et sur une terre d ... française,

---

(1) Les aregs sont des chaînes de dunes de sable.

(2) Par la ligne d'Oran, Bel-Abbès, Raz-el-Mat, quelque peu prolongée, ou même par le P.-L.-M.

(3) Sans compter Arzew, que les Romains appelaient *portus magnus*, tant c'est un beau et vaste port.

Notre armée, notre administration, notre police y seront déjà. Par les autres tracés, nous tombons dans l'inconnu.

On voit que l'Oued Guir est bien « *le grand chemin du désert* » et que le tracé de la province d'Oran est le seul qui puisse être adopté (1).

Si l'illustre général Faidherbe l'eût étudié, il ne serait pas hostile, comme il l'est, à toute idée de Transsaharien. Par une de ces contradictions, si communes dans ce monde, ce grand administrateur, ce capitaine hors ligne, cet excellent républicain, auquel nous devons le Sénégal et le Soudan lui-même, s'oppose ainsi de tout le poids de sa puissante autorité au développement même de son œuvre. L'expédition du colonel Flatters n'ayant pas réussi, il était nécessaire d'aller au Soudan par le Sénégal pour ne pas nous y laisser devancer par les autres. C'est ce qu'a conseillé le général Faidherbe. Il avait tellement raison que nous pouvons dire que c'est à lui que nous devons le Soudan. Mais cette prise de possession effectuée, c'est condamner le Soudan à être une œuvre aussi stérile que l'a toujours été le Sénégal que de s'opposer à la construction du transcontinental africain. Voilà plusieurs siècles que nous possédons le Sénégal et on sait le peu de progrès qu'à encore accompli ce pays, pourtant si riche, dans le commerce, l'industrie, l'agriculture et la colonisation. On n'ira pas plus au Sénégal dans l'avenir. Il a d'ailleurs une telle réputation d'insalubrité que son nom seul éloigne les plus hardis. Mais supposez le Transsaharien fait et demain le Soudan est envahi par cinquante mille Algériens : Européens, Juifs, Arabes, M'zabites, Maltais, tous hommes à l'esprit aventureux, ne craignant pas le climat, rompus aux affaires, commerçants hors ligne, ne reculant devant rien quand il s'agit de gagner de l'argent; sans compter les Marseillais, méridionaux et autres Français, qui ne tarderont pas, eux aussi, d'accourir à cette curée. Ce sera une véritable avalanche (2). Mais jamais ces gens-là ne penseront seulement à aller passer par le Sénégal. Il ne faut même pas leur en parler. L'Algérie elle-même et la Tunisie seront

---

(1) *Nous avons déjà vu que c'est aussi la ligne stratégique par excellence. (Voir le* *Transsaharien par le commandant Demaëght).*

(2) *Quelle activité, quelle vie tout ce monde répandra dans cette richissime contrée, déjà desservie par un réseau fluvial admirable, qui pourra être quintuplé un jour?*

aussitôt envahies par d'innombrables Soudaniens qu'on y fera venir de suite comme journaliers, manœuvres, travailleurs de toute sorte. Ils peupleront notre belle colonie, feront contrepoids aux étrangers et aux Arabes, et serviront d'intermédiaires, de liaison entre ces derniers et nous. Toute insurrection algérienne deviendra impossible. Les Arabes qui iront commercer au Soudan seront même obligés de se recommander de la qualité de Français, car comme musulmans ils seraient vite discrédités. Ils apprendront ainsi eux-mêmes à nous aimer. Car on sait que les nègres, qui forment pour le moins les quatre cinquièmes de la nombreuse population du Soudan, nous aiment autant qu'ils détestent les mahométans et les Anglais. Ils les regardent comme des traitants d'esclaves, *des marchands de bois d'ébène*, des hommes tristes, cruels, sanguinaires, rapaces, tandis qu'ils savent que nous sommes gais, tolérants, bons, justes et que nous avons tout fait pour empêcher l'abominable traite (1).

La France trouvera donc à son arrivée au Soudan des millions et des millions d'hommes qui béniront sa venue et qui deviendront en peu de temps de très bons citoyens et de vrais Français. Son territoire, par le Transsaharien, s'étendant ainsi de l'Algérie (2) au Sahara et dans les profondeurs de l'Afrique, deviendra inexpugnable. Il sera impossible à n'importe qui de pouvoir s'emparer de cette France transméditerranéenne, qui, par sa situation et son étendue, le nombre et l'intrépidité de ses enfants, sera au-dessus de toute atteinte et rejettera toujours ses assaillants à la mer. Ce sera même là un des plus beaux côtés de ce prolongement africain du territoire de la France. La mère-patrie n'aura jamais rien à faire pour le défendre; elle en recevra plutôt, dans un temps très rapproché, si le besoin s'en fait sentir, les plus puissants secours.

---

(1) Dans de nombreuses conversations avec les nègres soudaniens d'Algérie, que notre venue a émancipés, j'ai appris par moi-même quel est le culte que ces gens professent pour le nom français. Et quand je leur disais qu'aujourd'hui eux-mêmes étaient Français, ils levaient les mains au ciel en signe de remerciements, de joie et de reconnaissance. Ce sont de robustes travailleurs et d'excellentes gens qui ne demandent qu'à marcher et au plus vite dans les voies de la civilisation. De tous ces hommes des pays nouveaux ce sont les plus facilement sinon les seuls civilisables.

(2) L'Algérie, séparée de la France par quelques heures de mer, n'est pas plus une colonie que la Corse, la Sicile, la Sardaigne ou l'Irlande. C'est le prolongement du territoire même de la France. Au reste il en a été décidé ainsi depuis longtemps par le peuple et le gouvernement français. Depuis 1848.

Est-il raisonnable de penser que tout cela pourra se faire par le Sénégal ? Ne serait-ce pas, au contraire, renoncer au plus beau côté, au point capital même de la chose, c'est-à-dire à l'extension, au prolongement du propre territoire français ? Ne serait-ce pas, en un mot, préférer l'expansion et la politique coloniales à l'agrandissement inouï du territoire même de la France ? Et pour le reste, pour la transformation, la civilisation et la francisation rapide du Soudan tout entier, penser ainsi ne serait-ce pas pire que de comparer la voie du Cap à celle de Suez, la voiture à la vapeur et les diligences aux chemins de fer ?

Au contraire, par le Transsaharien, la civilisation gagnant de l'Algérie au Sahara et au Soudan, se répandra jusqu'au Sénégal. C'est donc son œuvre même que le général Faidherbe refuse de féconder en s'opposant au Transsaharien qui seul peut la compléter et la développer.

Et quelles sont les objections du général ? — Impossibilité du transcontinental ; prix trop élevé du fret au cas de réussite.

Nous avons vu, au contraire, combien il est facile à faire par l'oued Guir ; et quel bas prix coûtera le transport : de douze à seize francs par tonne (1), ce qui ne fera qu'une moyenne de dix-neuf à vingt-trois francs jusqu'à Marseille.

Mais les marchandises (2) coûteront toujours beaucoup plus cher à être transportées seulement du Niger à Saint-Louis du Sénégal.

Aussi nous espérons sincèrement que l'honorable général voudra bien revenir de son opposition au Transsaharien dans l'intérêt même du Sénégal et du Soudan, qui se confondent dans son cœur, comme ils doivent faire un seul et même tout avec le Sahara et l'Algérie.

Cependant quels trésors ne déverseront pas dans la mère-patrie ces Indes noires, pour le moins aussi riches que les Indes orien-

---

(1) « En admettant une réduction d'un tiers, largement suffisante pour tenir compte des wagons vides au retour et autres non valeurs, le prix de revient pour le transport d'une tonne ne dépassera pas 15 francs. » (P. 258, *Le Transsaharien* par Duponchel, ingénieur en chef des Ponts-et-Chaussées, chez Hachette, Paris, 1879). Et encore le tracé Duponchel avait pour le moins trois cents kilomètres de plus que celui de l'Oued Guir, et devait coûter quatre fois autant.

(2) Plus tard, quand l'activité moderne animera le Soudan, d'autres voies pourront leur être ouvertes, soit par la canalisation de la partie non navigable du Niger, de Bourroum à Boussa, soit par la jonction, au moyen d'écluses, de ce même fleuve au Sénégal. Mais la voie par excellence du Soudan sera toujours le Transsaharien.

tales, cent fois plus faciles à occuper et à conserver que ne l'a été le Canada, et dont d'ailleurs nous possédons déjà la plus grande partie et le cœur des habitants les plus nombreux ? Tous les produits si riches et si variés des tropiques ne seront plus qu'à quelques jours de Marseille par vitesse ordinaire; à trois jours seulement par trains et bateaux rapides. Aussi Marseille deviendra-t-elle une New-York en très peu de temps. La France et l'Europe pourront enfin goûter les fruits et les légumes des tropiques, qu'il leur sera toujours impossible de se procurer par une autre voie (1). Ce sera même l'objet d'un bien grand commerce, car rien n'égale la beauté et la bonté de ces chefs-d'œuvre de la création. Les Français trouveront chez eux toutes les ressources, toutes les puissances, tous les climats, tous les produits, même le précieux coton, le café, l'indigo, le cacao, etc., qu'ils sont encore obligés d'aller demander à l'étranger; ils trouveront en outre un débouché sans égal pour leur commerce et leur industrie. Le territoire du grand peuple français ne sera plus un petit territoire de cinq cent mille kilomètres carrés, exposé aux attaques perpétuelles de voisins jaloux et avides, menacé dans son existence même : il deviendra un territoire immense comme celui des États-Unis, de la Russie, du Brésil, et par conséquent inexpugnable à cause de ses proportions mêmes. Notre race et notre langue seront assurées de vivre toujours. Car on sait, que la civilisation se répandant partout, et l'humanité devenant pour ainsi dire uniforme, ce sont les grands territoires seuls qui feront à l'avenir les grands peuples. Ce sont les plus nombreux qui commanderont. C'est au fond la loi du nombre, le suffrage universel que nous aimons tant. Les petits territoires sont même menacés, pour la plupart, de disparaître avant longtemps. Qu'est-ce qui a fait la formidable puissance de la Russie et des États-Unis ? qui sera celle du Canada, du Brésil, de l'Australie ? qui a permis à la Chine de résister au choc des peuples européens ? si ce n'est l'étendue même de leurs territoires (2).

---

(1) Ils ne se conservent pas assez pour cela.

(2) Quand tout le monde civilisé se composait de la Grèce, l'Attique et la Laconie formaient de vastes territoires. Plus tard elles ne furent plus rien, parce que le monde civilisé s'était agrandi et occupait tout l'occident de l'Europe. Mais la France et l'Angleterre étaient alors de vastes territoires. Cependant la civilisation n'a pas cessé d'avancer,

Il n'est pas nécessaire de parler du commerce du sel (1), qui aura une si grande importance dans le Soudan, des bois de toute sorte, des richesses minières qu'une si vaste contrée doit nécessairement receler dans son sein, des marchandises précieuses, poudre d'or, dents d'éléphant, plumes d'autruche et autres.

Cependant le peuple français est avant tout un peuple généreux. Il aime surtout à travailler pour la gloire, la civilisation et l'humanité. Ce côté purement moral et trascendant ne manque même pas à l'entreprise dont nous parlons. C'est par elle-même une bien grande œuvre, comparable assurément à celle de Suez et de Panama. Le Transsaharien émancipera en outre des dizaines de millions de nègres qui seront très heureux de devenir Français et de participer à tous les bienfaits de la civilisation. La traite sera à jamais abolie, et la présence de la France au cœur de l'Afrique enlèvera à la barbarie et à l'esclavage le dernier et le plus vaste domaine réservé à leurs exploits.

Ainsi donc à tous les points de vue, politique et militaire, commercial et économique, territorial, national et humanitaire, le transcontinental africain est une œuvre qui s'impose à la France.

Tous ces avantages qui découleront du Transsaharien, indiquent clairement à nos représentants ce qu'ils ont à faire au plus tôt. Dieu dit : « Que la lumière soit », et la lumière fut ; la France n'a plus qu'à dire par leur vote : « Que le Transsaharien soit », et le Transsaharien sera.

BÉDIER G.-D.

---

et bientôt le monde civilisé va être la terre entière. Or la France et l'Angleterre sont à la terre entière à peu près ce que l'Attique et la Laconie sont elles-mêmes à l'occident de l'Europe

Les Français, si patriotes quant au présent, ne semblent pas bien prévoyants pour l'avenir. Quelque temps avant sa mort, j'eus occasion d'entretenir M. Gambetta de l'exiguïté de notre territoire et des craintes qu'elle doit nous inspirer, étant données les nations colossales qui se forment aux quatre coins de l'horizon. « C'est vrai, me répondit le grand patriote, mais cette question ne sera à l'ordre du jour que dans cinquante ans. » Dans cinquante ans il sera trop tard d'y penser ; et puisque le hasard a mis l'Afrique et ses populations à notre disposition, sachons en profiter, maintenant qu'il en est temps encore.

(1) En se réservant seulement le monopole de ce commerce, la France se créera d'inépuisables ressources.

Je me fais un devoir de dédier ce modeste travail à l'illustre M. Ferdinand de Lesseps, ce Français dont la foi et le génie ont été autrement productifs que le scepticisme coupable et l'indifférence ignorante de tant d'autres.

Cette dédicace a été acceptée par M. de Lesseps, par lettre du 7 Février 1888.

APPENDICE

Fruits et légumes des tropiques

Cependant nous devons dire quelque chose des fruits des tropiques que ce chemin de fer mettra à la portée des tables européennes. Personne n'en a jamais soufflé mot, et certes, ce ne sera pas là son moindre avantage. Des délices, inconnues jusqu'ici aux Européens, inonderont leurs palais. Tout un ordre de jouissances nouvelles va se révéler à nous. Car que sont nos pauvres fruits de l'Europe à côté de ces chefs-d'œuvre de la création ? Rien ne les égale pour la variété et la diversité, la beauté, les formes, le parfum, le goût et la saveur. C'est du nectar et de l'ambroisie. La vue en est réjouie, l'odorat parfumé, la convoitise alléchée. C'est un manger délicieux, qui fond dans la bouche et l'inonde d'odeurs et de délices. Un sentiment exquis de bien-être et de bonheur en suit l'absorption. Le *letchi*, ce roi des raisins, tout revêtu de pourpre et « autant au-dessus des autres raisins, pour parler à la Saint-Grégoire, que la dignité royale surpasse les fortunes particulières » ; la *mangue*, ce fruit si beau, si magnifique, si ravissant, si délicieux qu'il ne trouve point de rival dans la nature ; l'*ate*, émeraude superbe, qui renferme un trésor de perles, plus blanches que la neige, plus douces que le miel ; l'*avocat*, au beurre suprême, à la crème des dieux ; le *mangoustan*, écrin de velours noir ou cramoisi, où se trouve enchâssé un collier de diamants : mille autres fruits aussi délicats, aussi savoureux, aussi odorants, charmeront l'enfance, consoleront la vieillesse et porteront dans tous les cœurs la délectation et le plaisir. Ils trôneront dans nos festins ; ils en feront l'ornement, le charme et la beauté.

A côté d'eux viendra se placer le légume par excellence, le *chou-palmiste*, que Brillat-Savarin n'a pas chanté parce qu'il ne le connaissait pas ; mais qui eût occupé la première place dans les annales de ce gourmet transcendant, si le ciel trop cruel ne l'en eût pas privé.

Nous passons sur les services inappréciables que certains fruits, certaines feuilles, certaines herbes, certaines racines, *fraîchement cueillies*, rendront aux convalescents et aux malades.

Le Transsaharien nous donnera tous ces trésors de la nature, comme il excitera tous ceux qui ont quelque argent à se faire transporter par lui. Tous voudront contempler le Sahara, les merveilles des tropiques et de l'Afrique centrale. Quel est l'homme qui ne se payera pas ce voyage, s'il en a le loisir et les moyens ? Sur cent, on n'en trouvera pas deux. (*Extrait d'une première publication de l'auteur sur le Transsaharien, Oran, 1880.*)

Richesse du Soudan et caractère de ses habitants

... Il est dit, en effet, en termes textuels, dans le Koran :

— « Vous qui êtes pauvres, allez au Soudan, car au Soudan est la richesse. Comme la gale du chameau se guérit par le goudron, la misère se guérit par le Soudan. »

Depuis l'hégire, le conseil n'a rien perdu de son opportunité ni de sa valeur.

Le Soudan n'est-il pas demeuré la patrie par excellence de la poudre d'or et de l'ivoire, des aromates et des parfums ? Ne produit-il pas toujours, spontanément, le caoutchouc, le beurre végétal, l'huile de palme, la vanille, etc. ? N'est-il pas, plus que jamais, la terre promise des cultures industrielles les plus lucratives, depuis le riz et le sorgho jusqu'au café et à la canne à sucre, depuis l'indigo et le coton jusqu'aux arachides ? N'est-il pas peuplé par une macédoine de races dont le génie commercial n'est comparable qu'à celui des Chinois et auxquelles rien ne serait plus facile que de donner le goût et l'habitude du travail producteur ? Il suffirait pour cela de leur créer, grâce à la contagion de l'exemple, de nouveaux besoins, en leur fournissant en même temps, grâce à l'introduction de notre industrie et de notre civilisation la faculté de les satisfaire, nos marchandises, nos instruments, nos procédés, nos sciences et nos arts, et surtout des moyens de communication et de transport rapides, sûrs et commodes...

RAOUL LUCET (*XIXe Siècle*).

Tout ce que dit M. Lucet est d'autant plus à croire qu'il le tient, entre autres personnes, de son intime ami le docteur Colin, un des hommes qui connaissent le mieux ces pays vierges, où il a vécu plusieurs années, et où il a même fini par épouser la fille d'un sultan.

La richesse du Soudan est, en effet, proverbiale. D'après tous les voyageurs qui l'ont parcouru, c'est le pays le plus riche du monde. Cette question n'est plus à débattre.

En voici d'ailleurs une preuve qui repose sur un axiome, et que, par conséquent, je puis appeler scientifique. On sait que, dans les régions intertropicales, les pluies sont périodiques, et que là où elles tombent la végétation est d'une richesse exubérante. Or qui peut nier qu'elles tombent au Soudan, où un si grand nombre de fleuves et de rivières immenses prennent leurs sources ? Ce sont, en allant de l'ouest à l'est, le Niger, le Sénégal, le Bafing, la Falémé, l'Utaba ou Backoy et ses cent affluents, le Bambara, la Sirba, le Babalanga, le Sakoto ou Kabeï, le Kadunga, le Bénoué, la Vaubée ou Oubi, le Kebbi, le Sabouel, le Chari ou Bahr-el-Adhar, les Bahrs et mille autres encore. Le Niger, qui draine la plus grande partie de cet immense bassin, est même l'un des quatre cours d'eau les plus puissants du monde, et le Benoué égale le Missouri.

(Note de l'auteur).

Climat du Soudan

Le climat du Soudan, quoique très chaud, est sain, très sain même en bien des endroits. Les Français en général, mais surtout les méridionaux et particulièrement les Algériens le supporteront admirablement bien. Au reste, par le Transsaharien, il leur sera toujours loisible, quand ils le voudront, d'aller se retremper dans l'air natal. Les monts de Kong et le vaste plateau de l'Hombori leur offriront, d'ailleurs, sur les lieux mêmes, de frais et délicieux séjours. Ils y trouveront des vallées de Tempé admirables, où, sous le ciel le plus doux et le plus clément, s'étalent toutes les richesses et toutes les beautés de la nature.

Le Soudan verra naître aussi en peu de temps des légions de mulâtres, hommes vigoureux et forts, actifs et intelligents, qui participent des qualités des deux races. Qui ne sait combien le blanc aime l'ébène vivante, et avec quel entrain les fécondes négresses répondent à cette préférence !

(Note de l'auteur).

Préjugés des Européens sur les pays chauds

« L'homme n'estime que ce qui le touche de près : tout le reste, il le méprise. Son climat, ses mœurs sont pour lui des dieux dont le culte est sacré ; et il ne croit pas qu'on puisse trouver le bonheur avec d'autres usages et sous un autre ciel. C'est que l'habitude est une seconde nature, mais le plus souvent mauvaise et peu amie de la vérité. Voilà ce qui explique les préjugés des Européens sur les pays chauds. Ils n'y voient que des feux dévorants, qui dessèchent le corps, alourdissent l'esprit et désolent l'existence ; des fièvres, le choléra, la peste, la dyssenterie, la lèpre, enfin tout le cortége des maux les plus affreux. A voir la sombre image qu'ils se font de ces contrées, on croirait, qu'en Europe, l'homme naît, vit et meurt sans maladie ni souffrance. L'hiver, qui est la mort de la nature, la nuit de l'année, qui fait périr un grand nombre d'hommes de froid et de misère, leur paraît, au contraire, une saison agréable, qui égaie, réjouit, permet de bien boire et de bien manger, de se réunir dans des salons, de se livrer au travail et aux plaisirs de la société. Ils n'ont pas vu que c'était une question purement relative, et qu'on ne pouvait pas en faire une règle générale. . . . . La civilisation se répand par toute la terre, de riants empires s'élèvent sous les tropiques, et bientôt d'éloquents défenseurs, poètes, philosophes, orateurs, paraîtront de toutes parts pour repousser ces erreurs. L'Européen lui-même, si accessible au progrès et à la vérité, s'en sera défait tout le premier.. . . . .

La chaleur est indispensable à la vie. Sans elle il n'y a rien. Le soleil est l'âme de la nature. C'est lui qui l'anime et la féconde. Si nous voulons exprimer l'horreur que nous inspirent les tombeaux, nous disons le froid du sépulcre. Le mot froid devient ainsi l'image, l'expression ou l'épithète du néant. Si nous voulons exprimer les passions qui communiquent la vie, nous disons feu, flamme, ardeur. Nous voyons, que par son langage même, l'homme a compris toute la nécessité de la chaleur, et manifesté pour elle toute sa préférence. Il est vrai que son excès peut nous être nuisible. Mais quels que soient les systèmes scientifiques sur le passé, à l'époque où nous vivons, il n'y a point de partie de notre globe que la chaleur rende inhabitable. On ne peut pas dire de même du froid. Le Sahara et les déserts de l'Arabie pétrée possèdent des habitants qui ont toutes les facultés des autres hommes. Les terres arctiques et antarctiques sont inhabitables, et les esquimaux, quoique vivant déjà loin du pôle, sont des êtres inférieurs et hébétés. Au reste, il est cent fois plus facile de se faire au chaud, au sec et à la sérénité du ciel, que de s'habituer au froid, à l'humidité et à l'absence de lumière. L'acclimatation est donc bien plus aisée dans les pays chauds que dans les pays froids. Nous pourrions multiplier ces comparaisons à l'infini ;

nous nous contenterons d'en énumérer encore quelques-unes. Dans le nord, l'homme est obligé de se charger de vêtements, de se claquemurer, d'être esclave du feu ; dans les autres contrées, l'homme est libre de toutes ces entraves, et plus on est libre, plus on est heureux. L'homme des pays chauds supporte plus facilement la faim et la soif ; il est plus indépendant de la matière ; sa nourriture est plus douce et plus légère ; et, moyennant un régime spécial, impossible à garder sous les autres climats, il peut arriver à une grande perfection de corps et d'esprit. Les anciens Égyptiens, d'après Bossuet, se seraient élevés ainsi à la plus grande sagesse. Les Brahmines de l'Inde nous en donnent encore de nos jours un remarquable exemple. Enfin l'ombrage des arbres mesure, règle et tempère les rayons du soleil, tandis que la nature ne nous a pas garantis contre le froid. Aussi des animaux qui occupaient dans les temps préhistoriques les autres parties de la terre, ne peuvent plus vivre aujourd'hui que sous la zone torride. Le refroidissement du globe les a forcés de se réfugier vers l'équateur. L'homme y arrivera à son tour, et la science annonce que c'est par le défaut de chaleur que toute vie s'éteindra dans ce monde. On voit, par toutes ces raisons, que le parallèle entre le froid et le chaud ne se soutient pas.

Cependant on reproche à la chaleur d'énerver l'homme, de le rendre fainéant et paresseux. Ce reproche n'est pas fondé, la chaleur étant une chose toute relative. Là où l'Européen est fortement incommodé par la température, l'indigène se trouve tout dispos. Il ne faut pas juger d'un arbre par les fruits d'un autre arbre. Le travail est l'œuvre du besoin ou de l'ambition. Otez ces deux causes, et l'homme ne travaillera pas sous quelque climat que vous le placiez. Elles ne naissent qu'avec la civilisation et l'agglomération des hommes dans la même contrée. Partout où ces circonstances se rencontrent sous les tropiques, l'homme est laborieux ; partout où elles manquent, il écoute la bonne nature.

. . . .

Quant aux maladies, admettons qu'elles existent : leurs effets ne sont pas si terribles, puisque l'Inde, l'Indo-Chine, le bas de la Chine et les îles de la Sonde sont à eux seuls aussi ou plus peuplés que le reste du monde. . . . .

. . . . Le tout est de savoir se

soigner. Je connais un régime, avec lequel, sous les tropiques,
l'Européen même n'est jamais malade. Mais, en général, il faut se
garder de la thérapeutique européenne. Elle est peu appropriée
à ces latitudes . . . .
. . . .

Tout climat, tout pays est d'abord malsain. La malaria est
compagne de la barbarie. C'est la civilisation qui épure et assainit
chaque territoire . . . .

. . . .

Concluons donc, qu'au lieu de juger des pays chauds d'après
leurs propres habitants, les Européens en ont jugé d'après eux-
mêmes; que certaines faiblesses humaines et l'inexpérience où ils
sont de mille choses les rendent partiaux et incompétents ; et que
sous ces climats, dont les ressources sont incomparables, l'homme
a peut-être des facultés plus brillantes et pourrait être plus heureux que dans les zones tempérées. Nous verrons, d'ailleurs,
qu'en dépit de toutes leurs préventions, les Européens ne laissent
pas que d'envahir successivement tous les pays chauds. . . . . .

. . . .

Mais, en général, une fois établis dans ces pays, les uns et les
autres ne les quittent plus. Et combien s'expatrieraient pour les
imiter, s'ils pouvaient connaître toute la beauté, la splendeur et
la magnificence des tropiques, toutes les ressources qu'ils offrent,
toutes les facilités d'existence heureuse et de bien être réel qu'on
y rencontre. . . . .

(*Éloge de la chaleur* par l'auteur, Nice, 1877, ouvrage dédié à
S. M. l'empereur du Brésil.)

Extraits d'une réponse de l'auteur à M. Marbeau, directeur de la Revue Française d'Exploration (de Paris).

———

. . . .

M. Pouyanne a établi le trafic probable de la ligne (du Touat) sur des documents certains et des données mathématiques. Il s'est imposé même l'obligation de rester toujours bien au-dessous de la vérité. Cette ligne du Touat sera très productive, comme le Transsaharien de l'oued Guir sera un des chemins de fer les plus riches du monde. Voici d'ailleurs la propre conclusion de M. Pouyanne : « Je peux, d'après cela, pouvoir conclure en deux mots qu'il y a très grand intérêt pour la France à poursuivre la plus prompte réalisation possible de la ligne du Touat, et cela pour ses mérites propres, et indépendamment de la prolongation vers le Soudan. » . . . .

Je trouve encore page 48 : « Les partisans de la route du Séné-« gal opposent pourtant aux Algériens que si c'est Tombouctou « qu'on veut atteindre, cette ville est de 1000 kilomètres plus rap-« prochée de la côte du Sénégal que du littoral de l'Algérie ; ce « qui n'est pas une quantité négligeable. »

Pour que cette assertion fût vraie, il faudrait pouvoir aller en ligne droite du coude du Niger (ou de Tombouctou) à la côte sénégalaise. Mais quel est l'homme assez ignorant pour ne pas savoir que c'est impossible ? Pour aller de Tombouctou à la côte sénégalaise, il faut d'abord remonter le Niger jusqu'à Bamakou, 1200 kilomètres ; et puis aller de Bamakou à Saint-Louis du Sénégal, 1300 autres kilomètres : total 2500 kilomètres avec déchargement et rechargement pour le moins deux fois répétés entre les deux fleuves. Or, du coude du Niger (ou de Tombouctou) au littoral oranais, il n'y a que 2100 à 2200 kilomètres. Mais y en aurait-il 1000 en plus, que cette voie serait encore cent fois préférable à celle du Sénégal. . . . .

Objection politique et ridicule contre le tracé de l'oued Guir et fantastique projet Duponchel,

Vous dites au bas de la même page 48 : « Les vœux exprimés « par M. Bédier rencontrent des obstacles sérieux, qui apparais- « sent à la simple inspection d'une carte. Pour passer d'Aïn-Sefra « à Taourirt, il faut traverser de part en part l'oasis d'In-Salah, « c'est-à-dire pénétrer le territoire marocain. La ligne des frontiè- « res du Maroc tourne, en effet, au sud de Figuig, en inclinant « constamment vers le sud-est, et sépare en grande partie la pro- « vince d'Oran du Sahara »................

C'est M. R. qui vous a donné ces renseignements. Ils prouvent on ne peut mieux qu'il parle de ce qu'il ne connait pas. Non seu- lement la frontière marocaine ne tourne pas au sud-est de Figuig et ne sépare pas notre province du Sahara, mais encore Figuig même, malgré tout ce qu'on a pu faire pour le lui donner, n'ap- partient pas au Maroc. Le Maroc n'a plus rien par là, pas même de frontières, pas même l'ombre d'une influence quelconque, alors que celle de la France s'étend encore à des centaines de kilomètres plus loin. Du côté de la France, à partir d'El Oued (32 parallèle), du côté du Maroc, à partir de bien au-dessus de Figuig, c'est-à-dire d'Ich ou plutôt du Chott Tigri (33 parallèle), le désert s'appartient à lui-même.

En voulez-vous une preuve ? Les Figuiguiens viennent de chas- ser trois envoyés que leur avait dépêchés Sa Majesté chérifienne.

Ce qui s'est passé est assez risible pour être conté. Les Espa- gnols, voyant la France aller à Figuig, se mirent à crier, en s'ap- puyant, comme M. R., sur l'erreur du comte de La Rue, que Figuig appartenait au Maroc. L'empereur, aussi étonné qu'heu- reux d'apprendre cette bonne nouvelle, car il avait ignoré jusque là que Figuig fît partie de son empire, s'empressa aussitôt d'y envoyer une députation de trois membres. Je viens de vous dire la réception qui lui a été faite. Aussi Sa Majesté a-t-elle perdu toute confiance en la science géographique des Espagnols.

Vous n'êtes pas non plus sans savoir que le traité du 18 mars
1845 n'a fixé de frontières entre l'Algérie et le Maroc que jusqu'à
Ich (32 1/2 parallèle), c'est-à-dire à un demi-degré de latitude
au-dessus de Figuig. Si notre commissaire, le comte de La Rue,
a ajouté que ce Ksour continuera à appartenir au Maroc, c'est
qu'il se laissa tromper et ne savait pas que Figuig n'appartenait
à personne (1).

Aujourd'hui que le chemin de fer arrive jusqu'à Aïn-Sefra, le
moindre commis-voyageur oranais, qui va tous les deux ou trois
mois placer ses marchandises à Aïn-Sefra et au delà dans nos postes
du sud, en connaît plus sur cette question que tous les géographes passés et que la plupart des géographes présents.

Cependant, pour éviter l'ombre même de toute difficulté politique, M. Pouyanne a laissé Figuig de côté et a fait passer
son itinéraire et son tracé par El Outed, qui nous appartient,
et qui se trouve à 60 kilomètres à l'est de Figuig et à peu près
sur le même parallèle.

Or, d'El Outed à Taourirt, nous passons, non pas par In-Salah,
ce qui est une grave erreur, mais à travers le Gourara et le Touat,
dont les populations nous appellent, et qui appartiennent au Maroc
comme Londres et Berlin appartiennent au grand Turc (2).

Ces populations ne se sont même pas livrées à la mauvaise plai-
santerie de ceux de Tombouctou. Voyant la marée montante des
Français dans le Soudan, Tombouctou s'empressa d'envoyer une
ambassade à Paris. Les ambassadeurs déclarèrent qu'ils voulaient
faire un traité de commerce avec nous, mais qu'ils ne pouvaient
pas nous donner le territoire de leur ville parce qu'il appartenait
aux Touaregs. Or, l'année dernière, lorsque le lieutenant de vais-
seau Caron arriva à Tombouctou, les mêmes Tombouctins déclarèrent qu'ils ne pouvaient rien faire ni conclure avec nous parce
qu'eux-mêmes et leur territoire appartenaient au Maroc.

---

(1) Dans ses *Souvenirs d'un officier d'État-Major*, le commandant, depuis général
de Martimprey, qui avait été chargé de la carte de délimitation, nous apprend qu'il fut
induit en erreur par le caïd de Tlemcen, Si-Hamadi-Sakal, et par l'agha de la montagne
de l'Ouest, Si-Ben-Abd-Allah. C'est ce même agha Si-Ben-Abd-Allah que le capitaine
Doineau fit assassiner plus tard.

(2) In Salah, dont parle M. R., est dans le Tidi-Kelt, à l'est du Touat. Aussi nous rions de
bien bon cœur ici lorsque nous entendons dire qu'In-Salah appartient au Maroc ou quand
nous voyons cela sur des cartes.

Que les étrangers, jaloux de la situation privilégiée de la France dans le nord de l'Afrique, affectent d'attacher quelque importance à ces sottises ou facéties, cela se comprend. Mais que des Français !....

C'est la rivalité de nos trois provinces pour le Transsaharien qui en est cause. Seulement que nos concitoyens de l'est se convainquent bien d'une chose : ils ne pourront obtenir les lignes qu'ils réclament que lorsque celle de l'oued Guir sera faite. Le désert prendra alors une telle importance qu'il sera peut-être possible de leur donner satisfaction. Mais jusque là ils n'obtiendront jamais rien. Si M. Duponchel, mieux éclairé, au lieu du tracé fantastique Laghouat-el-Goléa, eût adopté celui de l'oued Guir, le Transsaharien serait déjà fait. On voit par là combien le choix de la bonne voie est de toute importance.

C'est, en effet, ce trop fameux projet Duponchel, avec tunnels sous les dunes, parasables et refoulement de l'eau dans des tuyaux interminables, qui a jeté dans l'esprit gouailleur des Français je ne sais quoi de ridicule sur le Transsaharien. Il a fait croire à l'impossibilité et à l'inanité d'une œuvre aussi capitale pour la France (1).

C'est que pour aller de Laghouat comme de Biskra au Touat et à l'Oued Guir, il faut traverser de vastes dunes de sable et un désert de six cents kilomètres, dans lequel on trouve à peine quelques misérables puits, tout à fait insuffisants pour un chemin de fer, et vingt mille âmes au plus de populations. Or, à moins de franchir le faîte des Hoggars, ce qui ne serait pas pratique, le tracé Biskra-Ouargla lui-même est forcé de suivre cet itinéraire. On en voit toute l'impossibilité, sans compter qu'il est inutile de partir de si loin pour revenir à l'Oued Guir.

Un esprit judicieux et observateur, le savant commandant Deumaeght, m'a fourni à ce sujet les renseignements les plus

---

(1) Nous ne devons pas moins toute notre reconnaissance à M. Duponchel, qui a été l'un des premiers promoteurs du Transsaharien, et qui a publié à ce sujet une magistrale étude. Il ne s'est trompé que sur le tracé. . . M. Duponchel ne vient-il pas de montrer encore combien est puissant son esprit ! par cette conclusion d'un nouvel opuscule sur le Transsaharien : « Peut-être trouveront-ils (nos gouvernants) alors, s'il n'est pas trop tard, que le Transsaharien, mieux que toute autre entreprise, répond à cet idéal et peut réaliser ce double vœu que nous devons tous former : de voir notre pays reprendre son prestige et sa puissance au dehors, sa prospérité matérielle et sa force morale au dedans. »

précieux. Il est resté neuf ans au bureau arabe du cercle de Biskra, dont il a même été commandant supérieur, et a publié sur l'Oued Rir et tout ce pays, qu'il a parcouru à différentes reprises, les notes les plus intéressantes. C'est, d'ailleurs, un des hommes les plus versés dans la connaissance du désert. Voici ce qu'il dit encore du tracé de Biskra-Ouargla : « De plus, il a le grave inconvénient de traverser les fonds marécageux de l'Oued Rir. Cette région de Chotts, qui n'a pas moins de 295 kilomètres depuis Kef-ed-Dohor jusqu'à Ouargla, est d'une insalubrité excessive. » (Demaeght, *Le Transsaharien*). Il ne faut pas oublier non plus que l'Oued-Rir est au niveau de la mer, et, qu'en conséquence, il est impossible, sans fortes pentes, de racheter l'altitude de plus de 1400 mètres qu'il y a entre ce point et les hauts plateaux de Constantine.

. . . .

Le lac Tchad et M. de Brazza

Je lis aussi dans le premier alinéa de la même page 48 : « Si, d'autre part, Tombouctou est un objectif désirable, le lac Tchad est le vrai point stratégique du Soudan, et les Anglais pourraient bien nous y précéder si nous ne nous hâtons pas. Et il faut remarquer que la profonde échancrure que la Méditerranée fait dans la côte de la Tripolitaine donne une avance considérable sur les lignes de pénétration de la région occidentale. » (1)

D'abord la Tripolitaine ne nous appartient pas et Tombouctou n'est pas plus notre objectif que tout autre point du coude du Niger. C'est le coude du Niger que nous voulons atteindre. Ensuite, un Transsaharien par la Tripolitaine, comme par nos trois autres provinces, passerait à travers tant d'accidents de terrain, de collines, de montagnes et d'oueds profonds, qu'il serait peu pratique. Il serait impropre au transport des marchandises du Soudan. La distance à parcourir est si considérable qu'un chemin de fer transsaharien doit, en effet, être avant tout absolument plat. Sans cela le prix du fret serait inabordable. L'Oued Guir est le seul tracé qui réalise cette condition, parce qu'il est le seul qui ne soit pas barré par la chaîne des Hoggars ou de ses contreforts, et par le haut Atlas Marocain, les vastes dunes et le Djouf du Sahara occidental. Il est le seul aussi qui trouve, à son arrivée même en Soudan, une voie fluviale (le Niger) capable de lui fournir de suite et à bon compte toutes les marchandises d'une immense contrée. Enfin il est aussi possible d'aller au lac Tchad, dont l'importance stratégique est loin d'égaler celle du coude du Niger, par l'Oued Guir que par tout autre chemin de l'Est ou de la Tripolitaine. Au reste, il serait stupide, pour y aller, d'attendre que le Transsaharien soit fait. Pour toutes ces prises de possession, c'est encore et toujours par le Sénégal qu'il faut passer. Maintenant surtout que nous tenons le chemin de Saint-Louis à Tombouctou, nous avons à notre disposition la route la plus courte, la plus facile et la plus propice. Nous n'avons qu'à descendre le Niger de Tombouctou à la rivière Sakoto son affluent, et à remonter le Sakoto jusqu'à sa jonction avec la Vaubée, affluent du Tchad, qui y mène en droite ligne. *Seulement, pour cela, il faudrait que le gouvernement français voulût bien s'en occuper un peu*

Monsieur de Brazza pourrait également remonter par le Congo français jusqu'au Bar-el-Adhar, et de là, par le Chari, gagner le lac Tchad. C'est le plus éminent service qu'il puisse rendre à la France. Il doublerait ainsi sa gloire et mériterait à bon droit le titre de grand homme. Tous ses efforts devraient tendre à la jonction du Congo français au Tchad.

(1) C'est une erreur. L'itinéraire de la Tripolitaine ne raccourcit pas le Transsaharien plus court, parce qu'il correspond à l'enfoncement du Sahara dans le Soudan et à sa descente vers le sud-est. De la grande Syrte ou de la Syrie du lac Tchad, ce n'est en effet qu'un fleuve désert, avec hammadas, argile et montagnes arides, sans Tell ni hauts plateaux, et il y a aussi loin que d'Oran à Tombouctou.

Prophétie concernant la domination française en Afrique

Permettez-moi maintenant de vous rapporter une prophétie que tout Français doit ou devrait connaître.

Les nombreux habitants du Soudan, comme vous le savez, se divisent en deux espèces d'hommes : les nègres qui forment les quatre cinquièmes de la population, et les musulmans.

Les nègres détestent profondément les musulmans et les Anglais qu'ils appellent « hommes blonds »; ils les détestent autant qu'ils nous aiment; et ils confondent dans la même réprobation tous les « hommes blonds » qu'ils ne savent pas distinguer des Anglais. Ils aimeraient mieux cent fois la mort que de passer sous la domination « d'hommes blonds » quelconques. Cette haine provient de ce que les Anglais ont été les plus nombreux et les plus cruels de tous les traitants d'esclaves et qu'ils se sont souvent ligués avec les musulmans pour leur donner la chasse. Ces nègres nous aiment, au contraire, de tout leur cœur, parce que nous avons aboli l'esclavage, ainsi que le commerce des esclaves, en Algérie et au Sénégal. Ce qui nous a fait une bien grande réputation parmi eux, en dehors même de ce que vous allez lire plus loin. Notre gaîté et notre indifférence religieuse leur plaisent aussi beaucoup, tandis que la gravité et la ferveur biblique ou coranique des Anglais et des Mahométans leur font horreur. Il y a vraiment antipathie de caractère et de nature entre ces hommes.

Les nègres désirent ardemment notre arrivée pour échapper à la persécution religieuse, aux tueries, à la traite et à l'esclavage.

De leur côté, ces Mahométans du Soudan ne détestent pas moins les Anglais. La guerre de Kartoum nous a donné une juste idée de cette haine vigoureuse. Aujourd'hui, à cause des Anglais, ils aiment mieux faire douze cents lieues pour porter leurs marchandises au Soudan français et au Sénégal plutôt que de les faire passer par le Nil ou par le bas Niger.

On ne sait guère à quoi peut tenir cette haine féroce des musulmans soudaniens contre les Anglais. Seulement, il règne parmi eux, comme parmi ceux du Sahara et de la Berbérie, ainsi que parmi les nègres soudaniens, une prophétie, qui remonte à la plus haute antiquité, et qui annonce qu'un jour toutes ces contrées de l'Afrique septentrionale (Berbérie, Sahara et Soudan), devront être françaises. Elle annonce aussi, qu'après une autre période de temps, tout le reste même de l'Afrique devra devenir également français. Napoléon Ier, apparemment, a eu connaissance de cette prophétie pendant qu'il était en Égypte; car elle ne semble pas étrangère au partage qu'il voulut faire du vieux monde avec Alexandre Ier de Russie (1).

Cette prophétie dit encore « que lorsque les Français viendront, les nègres ne craindront plus de chaînes; que nègres, musulmans et Français feront un seul et même peuple devant le Seigneur qui enverra alors un nouveau prophète (2). »

« D'ores et déjà, » me disait un vieux marabout, très au courant des choses de l'Islam, et qui avait parcouru le Sahara et le Soudan, « toutes les populations du Nil au Niger, des monts de Kong au Sahara, attendent la France qu'elles savent devoir venir, comme la nuit attend le jour, l'aurore le soleil. Elles rejetteront elles-mêmes les Anglais et tous autres Européens; elles n'accepteront que les Français. C'est Dieu qui le veut ainsi. » « Sans cela, ajoutait-il, crois-tu que vous auriez pu rester en Algérie? Il y aurait déjà longtemps que nous vous en aurions chassés. Les Anglais ne resteront pas en Égypte. Car la force vient d'en haut. Et les hommes ne sont que des instruments. » Il m'avoua aussi que cette prophétie était soigneusement cachée par les musulmans parce qu'elle entraînait la destruction même de leur règne; « mais que de temps en temps elle échappait à des saints de la prière, pour que les peuples pussent se conformer à la voix des prophètes. Qu'au besoin la terre, les animaux, le vent, le cœur de chaque homme prendraient la parole pour la faire entendre. Que d'après lui et un grand nombre de saints *l'heure était venue.* »

(1) Rapprochons ce traité entre Napoléon et Alexandre de l'alliance fatale et durable qui existe aujourd'hui entre la France et la Russie. Comparons ensuite nos progrès et notre situation en Afrique à ceux des Russes en Asie, et demandons-nous, lisant cette prophétie, s'il n'y a pas là le sujet de profondes et bien curieuses méditations.

(2) Ce nouveau prophète, ai-je dit au saint marabout, dont je rapporte plus loin les propres paroles, c'est la philosophie ou la science qui permettra un jour à tous les hommes de croire de la même manière en Dieu et en la vérité. Et ce sont les Français qui vous l'apporteront.

Je suis un profane, incapable de comprendre ces prédictions, qui ont pourtant cours dans le cœur autant que dans l'esprit de plus de cent millions d'hommes.

Mais il n'est pas moins vrai, que si la France savait ou voulait en tirer parti, elle assurerait sa suprématie sur l'Afrique entière.

La reine Victoria n'a-t-elle pas proclamé dernièrement son protectorat sur toutes les embouchures du Niger, du Bénin au Biafra?

Qu'est ce qui empêcherait la France de proclamer également le sien sur tout le Soudan, du Niger au Nil, et du Sahara aux monts de Kong et de Cameron et au Congo international? Serons-nous toujours aussi simples et aussi naïfs que par le passé? Notre désintéressement sera-t-il toujours aussi sottement proverbial et ridicule? Faut-il que ce soient de pauvres barbares qui trouvent dans leurs croyances l'indication même de ce qui nous revient et l'énergie nécessaire pour le défendre?

Si la France n'est pas devenue oublieuse de toute grandeur, elle se doit à elle-même cette proclamation de ses droits sur cette vaste et riche contrée (1). Elle imitera ces Français de l'avenir, de demain, qui les ont déjà proclamés. Elle satisfera au vœu d'innombrables populations qui l'appellent, à ses intérêts de toute sorte, et elle ne faillira pas à ses grandes destinées devant l'histoire.

Marchandises devant composer de suite le trafic du Transsaharien

---

Du Soudan à la Méditerranée

1° Arachides, noix et huiles de palme, beurre végétal, céréales (maïs, millet, riz, sorgho), tubercules et racines (manioes, patates, songes, ignames, arrow-root, etc.);

---

(1) Le tout, pour la France, est de proclamer qu'elle place sous son protectorat tout le Soudan tel qu'il est ci-dessus délimité. Pour l'occuper effectivement, elle pourra prendre ensuite tout le temps qu'elle voudra.

Il s'agit, comme on voit, d'un simple acte de volonté. Il n'est même pas besoin de courage pour le faire. Personne n'osera et ne pourra contredire en fait à notre décision. . . ... Nos gouvernants oseront-ils ? ...... Et nous avons été le grand peuple français! le peuple vaillant par excellence!

2° Bois de toute sorte et autres produits forestiers, vanille, fruits et légumes (entre autres, le chou-palmiste), aromates, épices, bois de senteur, etc. ;

3° Caoutchouc, cotons et autres textiles, indigo, gomme, cire, etc. ;

4° Peaux, suifs, graisses, cornes et ossements, animaux, poissons, oiseaux, tortues, gibier mort ou vivant, salaisons, etc. (1) ;

Plus tard viendront les cafés, sucres de canne, cacaos, minerais, etc. ;

Et vice versâ

Sel, tissus, comestibles, quincaillerie, meubles, mercerie, lingerie, bibelots, verreries et verroteries, fer, fontes, farines, vins, bières, liqueurs, vermouth, absinthe, etc. Plus tard viendront les marchandises de luxe et de toute sorte.

Le trafic sera donc énorme.

Le Mot de la fin

Je sais combien le mot impossible est français. Je n'ai pas moins écrit et publié à mes frais ce travail. On le voit, ce n'est ni par amour de la gloire, ni par intérêt que je l'ai fait. J'ai tenu simplement à remplir un devoir patriotique.

Car il serait vraiment malheureux que la France se laissât devancer par un autre, sans qu'on lui criât gare, dans cette grande œuvre transsaharienne, seule capable d'assurer définitivement sa grandeur et son avenir. Or nous sommes tombés dans un tel besoin de trouver tout impossible, et dans une telle inertie, qu'il n'y aurait eu là rien d'extraordinaire.

(1) Toutes marchandises qui seront drainées de suite par près de sept mille kilomètres de voies fluviales, situées en amont du coude du Niger, sur lui-même, ses affluents et des lacs. On n'aura donc qu'à suivre le courant, on n'aura pas à le remonter. (Voir l'ouvrage du général Borgnis-Desbordes).

Au reste nous n'avons plus grand temps à perdre, si nous ne voulons pas nous voir le chemin barré par nos pires ennemis eux-mêmes, qui cherchent à passer par le Maroc, ou plutôt par l'oued Draâ, où déjà ils sont peut-être, pour de là gagner le Touat et l'oued Guir. Quelle perspective pour notre amour-propre national !

Les Américains ont construit le *Transcontinental-pacific-railway* ; les Canadiens, le *Transdominion* ; les Russes ont fait le *Transcaspien* ou *Grand-central-asiatique* ; ils font le *Trans-Sibérien* : les Français vont-ils laisser tomber dans l'eau le *Transsaharien*, qui pourtant doit passer en pays de sécheresse ?

L'avenir le dira.

Et cependant tous ces chemins de fer, que je viens de nommer, ont été cent fois plus difficiles à faire que ne l'est le Transsaharien, et sont cent fois moins utiles à ceux qui les ont faits que le Transsaharien le serait aux Français.

D'après M. Elisée Reclus, le plus grand des géographes, d'après un de nos commandants les plus distingués de corps d'armée, que je ne nomme pas par discrétion, mais que m'a cité M. Reclus lui-même, et d'après tous ceux qui connaissent à fond la question, le Transsaharien, par l'oued Guir, est la voie ferrée la plus facile à établir qui se puisse imaginer. Ce commandant de corps d'armée, que nous ferons connaître un jour à cause de sa patriotique et glorieuse conduite, a fait faire secrètement des études jusqu'au Touat et même au delà.

Aujourd'hui construire le Transsaharien n'est donc plus seulement pour la France un devoir, c'est encore une double honte à éviter, car on dit partout que tout autre peuple à notre place l'aurait déjà fait.

Vraiment, si l'amour de la patrie n'était le plus puissant des sentiments ancrés au cœur de l'homme, on pourrait quelquefois regretter d'être Français.

Et pourquoi tout cela ?

Parce que l'enthousiasme national s'est éteint chez nous. Nous n'avons plus de sève. Tout sèche, tout s'atrophie au cœur et en l'âme du Français. La cause ? — C'est que notre territoire est devenu trop petit. Nous y étouffons. Il n'est plus suffisant, dans ce grand monde moderne, pour soutenir la gloire de notre passé, l'éclat de nos annales, la splendeur de notre nom, pour nous permettre, en un mot, de continuer toutes nos traditions, les plus glorieuses de la terre entière. Aussi le peuple français se meurt; il s'éteint. L'espace, l'air manque à ses poumons trop puissants, à ces poumons qui avaient été capables de respirer le monde. Le sentiment de notre impuissance nous a pénétrés. Nous ne retrouvons plus notre génie, notre courage. nos destinées. Nous, pour qui le mot impossible n'existait pas, nous ne savons plus qu'avoir peur et trouver tout impossible.

Mais qu'on construise le Transsaharien, et le territoire de la patrie se décuple, et l'arbre de nos destins, ne manquant plus d'espace, va reverdir, et l'enthousiasme français, le plus puissant de tous les enthousiasmes, renaît plus hardi, plus fécond, plus entreprenant, plus créateur, plus merveilleux que jamais. Et nous aurons retrouvé notre voie sur ce globe sub-lunaire.

BÉDIER G.-D.

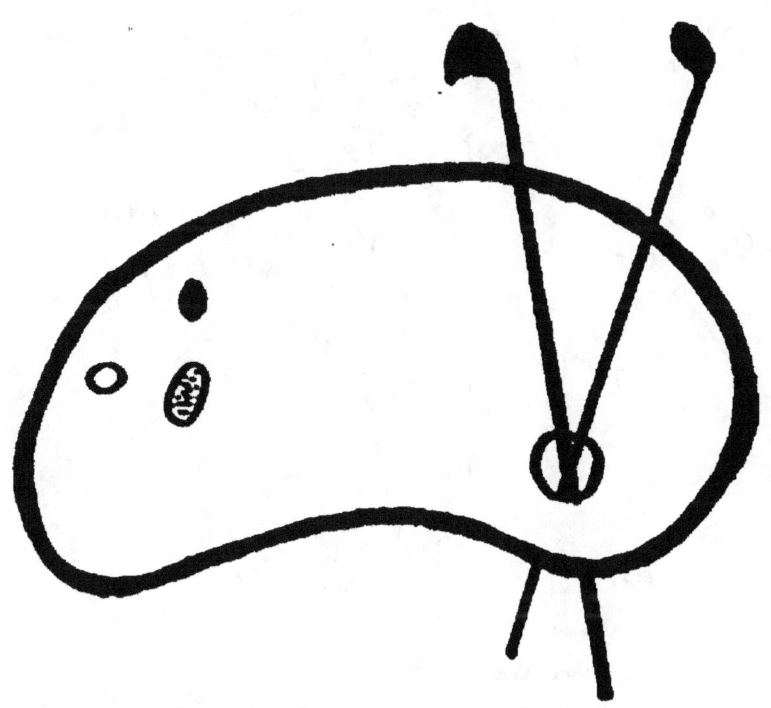

ORIGINAL EN COULEUR
NF Z 43-120-8

Croquis de l'Afrique Centrale

Espagne

D.t de Gibraltar

MAROC

ALGÉRIE

TOUAREG

Tunis

Alger

Constantine

Fez

Aïn Sefra

Figuig

Touat

Tidikelt

Tademait

In Salah

Timimoun

Gourara

Tafilalet

o Canaries o

S A H A R A

Djouf

Touat

Mabrouk

Timbouktou

Aouelimiden

Bourem

Gao

St Louis

Dakar

Bafoulabé

Médine

Ségou

Bamakou

S O U D A N

Houssa

Monts Kong

Benin

Congo français

.......Limites d'États